MINISTÈRE DE L'INSTRUCTION PUBLIQUE
ET DES BEAUX-ARTS

MÉMOIRE

SUR

L'IDÉE D'UN DROIT NATUREL

ET DE SON RÔLE

DANS LA LÉGISLATION POSITIVE

PAR M. GEORGES BRY

MEMBRE DE LA SOCIÉTÉ D'ÉCONOMIE POLITIQUE DE PARIS
DOYEN DE LA FACULTÉ DE DROIT DE L'UNIVERSITÉ D'AIX-MARSEILLE

Extrait du *Bulletin des sciences économiques et sociales* du *Comité des travaux historiques et scientifiques*, année 1900

PARIS

IMPRIMERIE NATIONALE

MDCCCCI

MINISTÈRE DE L'INSTRUCTION PUBLIQUE
ET DES BEAUX-ARTS

MÉMOIRE

SUR

L'IDÉE D'UN DROIT NATUREL

ET DE SON RÔLE

DANS LA LÉGISLATION POSITIVE

PAR M. GEORGES BRY

MEMBRE DE LA SOCIÉTÉ D'ÉCONOMIE POLITIQUE DE PARIS
DOYEN DE LA FACULTÉ DE DROIT DE L'UNIVERSITÉ D'AIX-MARSEILLE

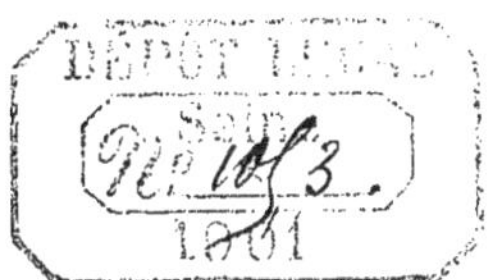

Extrait du *Bulletin des sciences économiques et sociales* du Comité des travaux
historiques et scientifiques, année 1900

PARIS

IMPRIMERIE NATIONALE

MDCCCCI

MÉMOIRE

SUR

L'IDÉE D'UN DROIT NATUREL

ET DE SON RÔLE

DANS LA LÉGISLATION POSITIVE.

1. Les conquêtes du génie de l'homme, dans le domaine scientifique et industriel, auront placé le siècle qui va bientôt finir parmi les plus belles époques de l'histoire. Sa grandeur et son éclat seraient sans limites et sans ombre si l'on pouvait, avant de fermer le livre qui contiendra le récit de ses gloires et de ses œuvres, écrire à la dernière page ces mots : « Ce fut un siècle de justice. » Il serait prétentieux de prononcer sans réserve une telle sentence, mais il ne sera pas téméraire d'affirmer que les progrès matériels n'ont pas endormi la conscience humaine et que la raison ne s'est pas arrêtée dans la recherche de toutes les causes qui peuvent développer la prospérité morale des individus et des sociétés. N'est ce pas à une préoccupation de cette nature que répond l'examen de cette proposition : *De l'idée d'un droit naturel et de son rôle dans la législation positive* [1] ?

[1]. BIBLIOGRAPHIE : AHRENS, *Cours de droit naturel*, 1844.— BEAUSSIRE, *Principes du droit*, 1888. — BEAUTAIN, *Philosophie des lois*, 1863. — BÉCHAUX, *Le droit et les faits économiques*, 1889. — BEUDANT, *Le droit individuel et l'État*, 1891. — BÉLIME, *Philosophie du droit*, 1849. — BLUNTSCHLI, *Théorie générale de l'État*, traduction de Riedmaten, 1881. — BOISTEL, *Cours de philosophie du droit*, 1899.— DE CEPEDA, *Éléments de droit naturel*, traduction de Onclair, 1899. — COURCELLE-SENEUIL, *Préparation à l'étude du droit*, 1887. — FOUILLÉE, *L'idée moderne du droit*, 1878; *La science morale contemporaine*, 1880. — FRANCK, *Philosophie du droit civil*, 1886. — GLASSON, *Éléments du droit français considéré dans ses rapports avec le droit naturel*, 1880. — Henri GEORGE, *Progrès et pauvreté*, 1887. — Paul JANET, *Histoire de la philosophie politique dans ses rapports avec la morale*, 1881. — JOUFFROY, *Cours de droit naturel*, 1866. — Alfred JOURDAN, *Le droit français...* 1875. — KANT, *Éléments métaphysiques de la doctrine du droit*, édit. franç. de 1854. — KURTH, *Les origines de la civilisation moderne*. — LEIBNIZ, *Observationes de principio juris*, édit. 1859. — LERMINIER, *Introduction générale à l'étude du droit*, 1829; *Philosophie du droit*, 1835. — Sir MOLLOCK, *Social equality*, 1884. MONTESQUIEU, *Esprit des lois*, 1748. — OUDOT, *Premiers essais de philosophie du droit*, 1846. — Edm. PICARD, *Le droit pur*, 1899. — PRINS, *La philosophie du droit et l'école historique*, 1882. — DE ROBERTY, *La sociologie*, 1880. — ROSMINI, *Filosofia del diritto*, édit. 1866. — ROTHE, *Traité de droit na-*

I

2. L'objet de la volonté de l'homme, le but constant de ses aspirations, c'est la satisfaction de tous ses intérêts, le développement de son activité sous toutes ses formes; c'est le bonheur par la possession des biens qui sont en conformité de sa nature et de sa fin. Chaque individu est le premier et le meilleur artisan de sa propre destinée. Mais il n'est pas seul au monde. Il est en contact avec d'autres êtres, doués comme lui d'intelligence et de raison, ayant une même essence et un but semblable. L'esprit de domination et d'égoïsme pourra le séduire et l'égarer, surtout aux premiers âges du monde, mais son intérêt bien entendu l'inclinera plus tard vers une pensée de conciliation et d'entente, vers un altruisme bienfaisant et généreux. De là naissent l'idée des droits mutuels et des devoirs réciproques et ce sentiment du *juste* qui constitue la base des relations qu'il doit entretenir autour de lui. Cette expansion rationnelle, cette perfection qu'il recherche, il demande à l'État dans lequel il vit, de la faciliter par ses institutions et ses lois. La législation positive sanctionnera d'une contrainte extérieure l'ensemble des règles que le temps ou le milieu social rendent nécessaires ou utiles, sans pouvoir se dérober au principe de justice qui est l'élément essentiel et absolu du droit.

3. La science du juste, le droit rationnel ou naturel qui est la partie philosophique du droit, est souvent sorti, dans la pensée de ceux qui s'en sont occupés, des limites précises de son domaine, pour embrasser des objets d'ordres différents et complexes, exigeant des méthodes d'investigations de nature variée. Aussi, on en est arrivé jusqu'à la défigurer, jusqu'à nier l'existence de ce que l'un de nos sociologues les plus distingués appelle « le rêve d'une justice plus haute...., sorte de paradis terrestre juridique à découvrir ou à recouvrer...., ce beau songe plein d'un pressentiment vrai [1] ». Il en est bien peu cependant qui ne soient disposés à l'invoquer contre les lois ou les pouvoirs qui les blessent dans leurs intérêts et les manifestations de leurs facultés les plus précieuses. Le droit, suivant le sens qu'implique son nom, est un principe de direction, mais les idées qu'il suggère ne sont

turel.... 1885-1896. — J. Simon, *Le devoir.* — Sthal, *Histoire de la philosophie du droit;* édit. franç. 1880. — Tarde, *Transformations du droit,* 1893. — Vaccaro, *Les bases sociologiques du droit et de l'État,* traduction de M. Gaure, 1898. — De Vareillse-Commières, *Les principes fondamentaux du droit,* 1889. — Saint-Marc, *Droit et sociologie,* dans la *Revue critique de législation et de jurisprudence,* 1888. — Dorado, *Fonctions de la loi et de l'autorité dans l'évolution sociale,* dans la *Revue de droit public et de la science politique,* 1899. Voir les autres ouvrages cités en notes aux pages suivantes.

[1] Tarde, *Les transformations du droit,* p. 146.

pas les seules qui puissent nous éclairer sur les véritables besoins des individus ou des peuples. D'autres sciences permettent de tenir compte de
l'utilité sociale, des traditions et des mœurs, pour indiquer les règles qui
conviennent le mieux à l'état actuel ou prochain d'une société déterminée.
La politique, l'histoire du droit et de la civilisation, l'économie politique et
la sociologie sont autant de sciences qui contribuent au progrès des institutions par l'examen attentif et raisonné des faits sociaux, par les résultats de l'expérience. La science sociale est la biologie des sociétés dont le
droit est l'élément vital, la base nécessaire permettant à l'homme de con-
courir au développement de la nation dont il fait partie.

4. Mais comment saisir l'idée du droit naturel dans son caractère et
son fondement? Le droit naturel, dans un sens objectif, est l'ensemble
des règles qui sont inhérentes à la nature et à la personnalité humaines et
que la raison et la conscience signalent à chacun de nous. Dans son sens
subjectif, l'idée du droit implique pour chaque homme la faculté inviolable
d'accomplir un acte de sa volonté. Mais elle fait entrevoir aussitôt un rapport nécessaire entre deux êtres humains, un terme corrélatif qui n'est
que le droit positif ou négatif d'autrui: *droit individuel*, si l'on envisage les
relations que font naître entre les simples individualités la qualité d'homme
et l'égalité spécifique qui leur est propre; *droit social*, si l'on s'attache
aux droits et devoirs de l'homme, membre d'une société déterminée. Le
droit naturel n'est étranger ni aux rapports organiques, ni aux rapports individuels. L'unité du genre humain comme l'idée de la sociabilité sont deux
vérités importantes à établir lorsqu'on veut comprendre et préciser le fondement du droit rationnel.

5. La science et la tradition universelle des peuples nous autorisent à
admettre qu'il n'y a pas de différences essentielles, au point de vue physiolo-
gique et psychologique, parmi les différentes races humaines. Les naturalistes
les plus célèbres, en formulant la notion scientifique de l'espèce, n'ont re-
levé que des différences accidentelles. Il n'est pas plus nécessaire d'insister
sur ce point que sur le fait de la sociabilité à laquelle l'homme se trouve
naturellement destiné. Que de raisons prouvent cette dernière assertion :
la limitation des forces humaines, surtout au premier âge de l'existence, la
perfectibilité dont l'homme a le sentiment et qui ne peut se développer que
dans l'état social, son inclination naturelle à rechercher ses semblables, à
leur communiquer ses pensées par le don de la parole qui lui est particu-
lier, à développer, au contact des autres hommes, toutes les facultés dont il
se trouve comblé. C'est un fait constant.

6. Cette unité de la nature humaine et cette qualité sociale sont d'un
haut intérêt pour le fondement du droit naturel. L'idée du droit présup-

pose, en effet, un rapport égal entre des individualités et l'existence du lien social : rapport égal entre des êtres doués de volonté et de liberté, qui tendent au même but, ne doivent pas se nuire et se faire obstacle. C'est bien, d'après l'idée première entrevue déjà, le sentiment du juste, de l'équité, c'est-à-dire de l'égalité dans les droits que me donnent ma nature et ma personnalité, dans les moyens de les respecter chez mes semblables et de les convertir en devoirs à leur égard. Voilà bien la loi naturelle tracée par la droite raison et destinée à régir les actes humains. Elle est naturelle, parce que les actes qu'elle commande sont conformes à la nature humaine, et ceux qu'elle défend lui répugnent; elle est naturelle encore, parce que les rapports qu'elle fait naître et qu'elle impose logiquement peuvent être perçus par la seule force de l'intelligence et de la raison. J'ai dit *qu'elle impose logiquement*; les actes humains auxquels se rapporte le droit sont, en effet, des actes *volontaires* et *libres*. La volonté s'incline vers le bien et la justice perçus par l'entendement; la liberté se manifeste par le choix que nous exerçons et auquel la conscience sert de témoignage éloquent, suivant qu'elle nous inspire une satisfaction ou un remords. Montesquieu nous dit *que les lois sont les rapports nécessaires des choses*, mais on ne peut l'entendre d'une nécessité réelle et physique supprimant le libre arbitre ou enlevant à l'agent toute responsabilité. Le droit ne peut être que le principe dirigeant d'un être libre avec l'acceptation des résultats qu'entraînent sa soumission ou sa résistance.

7. D'après l'idée que nous avons entrevue, le droit a pour fondement la nature rationnelle de la personne considérée dans l'autonomie de son être et dans sa liberté, et pour but l'ordre à établir parmi les créatures douées d'intelligence. Peut-on dire qu'il doit avoir, dans ses principes essentiels, un caractère universel et immuable? Universel, parce que la nature raisonnable ne peut ignorer ses règles fondamendales; immuable, parce qu'il participe de l'essence de l'être et de la nature des choses. Il n'y a rien de moins universel et de moins immuable que la loi; elle change avec l'état social dont elle n'est que l'expression; elle suit les vicissitudes historiques des peuples, les modifications de leur développement moral, économique et politique. Mais l'instabilité des lois ne fait pas obstacle à la permanence du droit et de l'idée du juste; l'application des principes invariables doit être appropriée aux circonstances. Une pratique contraire constituant la loi d'un pays ou même du monde entier ne peut empêcher les revendications des principes proclamés par la raison naturelle. — Ne léser personne, rendre à chacun ce qui lui est dû, respecter la liberté et la dignité humaines : ce sont là autant de principes que les juristes ou les philosophes de la plus haute antiquité ont reconnus, alors même que les nations pratiquaient l'esclavage, opprimaient les consciences, pillaient les étrangers et ne respectaient même pas toujours la propriété et les droits des citoyens.

Ces règles de justice n'ont rien perdu depuis lors et n'ont pu acquérir plus de valeur que par une plus large application. La liberté et l'égalité des droits impliquant la réciprocité des devoirs, l'inviolabilité de la personne humaine poursuivant la réalisation de sa fin rationnelle, tel est bien toujours le fondement du principe du droit. Le christianisme devait renouveler et purifier les doctrines des anciens philosophes, et la Révolution française allait plus tard proclamer « les droits de l'homme », en s'inspirant de la culture scientifique des deux derniers siècles et des déclarations américaines qui avaient affirmé, quelque temps auparavant, l'existence des droits généraux de l'individu. Il y a bien d'ailleurs un danger dans ces généralisations trop vastes, dans ces abstractions métaphysiques qui ne tiennent aucun compte de la réalité des faits, des choses contingentes et relatives, des besoins actuels des individus ou d'une société. L'expérience et l'observation feront connaître ce qu'il faut rejeter des déductions d'un principe absolu. Le droit doit être réel et vivant comme les individus dont l'activité se déploie sous son égide, mais l'idée du juste doit toujours dominer les institutions et les lois nées des civilisations nouvelles.

8. L'idée de droit et de devoir s'accuse sans doute dès que deux hommes se rencontrent, car le respect du droit de l'un aura pour garantie l'inviolabilité du droit de l'autre. Mais c'est surtout dans la société que l'on peut, grâce aux leçons de l'histoire, au degré de civilisation, mieux en voir l'affirmation et la limite. L'organisme social ne nous met plus seulement en présence d'un rapport d'homme à homme, mais d'un ensemble de rapports subordonnant tous les membres d'une société déterminée à un principe d'unité. La nature humaine rationnelle est toujours la base de cet ensemble de rapports. Les sociétés correspondent aux différents besoins de l'homme, et c'est en ce sens que leurs fins respectives sont naturelles et que les moyens nécessaires pour atteindre ce but doivent avoir un caractère identique. Les rapports, qui s'établissent entre les différentes classes de chacune d'elles, ne doivent pas s'écarter des exigences imposées par la nature rationnelle de toute créature humaine. C'est ainsi qu'on rencontre dans tout corps social la variété dans l'unité, chaque personne poursuivant son but distinct, appliquant son initiative, suivant ses aptitudes et ses intérêts, à l'une des multiples fonctions de l'activité humaine, protégée par la législation qui lui garantit le maintien de ses droits essentiels vis-à-vis de ses semblables. Il faut d'ailleurs laisser en dehors du domaine du droit les actes de l'ordre religieux ou moral que la conscience peut imposer à chaque individu.

Il ne s'agit pas, dans ce cas, d'actes extérieurs que le droit puisse saisir ou de droits réciproques susceptibles d'entraîner la volonté ; les obligations morales ont un caractère essentiellement indéterminé et la contrainte légale ne peut forcer, sous ce rapport, la direction de la liberté humaine.

Mais dans la limite même des obligations déterminées qui constituent le domaine de l'ordre juridique, ce n'est pas à la volonté de la société politique ou de ceux qui la personnifient que l'on peut rattacher le fondement du droit. Il faut que la loi promulguée soit conforme aux droits des individus et n'empêche l'exercice d'aucune de leurs facultés, en conformité de leurs destinées justes et rationnelles. Bossuet exprimait une grande vérité lorsqu'il disait : «Dieu lui-même doit avoir raison.» On a fort bien indiqué les étapes du développement des sociétés en les montrant au début, soumises à un maître et, plus tard, à une règle et à des principes [1].

La justice sociale est faite d'harmonie et de réciprocité: harmonie entre les intérêts communs aux individus et au corps social dans son ensemble, réciprocité de services et solidarité d'efforts entre les autorités et les inférieurs, afin que le commandement des uns et la soumission des autres tendent toujours au respect des droits respectifs et de la liberté de tous. C'est alors qu'on pourra vraiment dire qu'il n'y a pas de droit contre le droit, que la personne humaine jouit de son inviolabilité rationnelle et se trouve protégée contre toute atteinte, parce qu'il n'y a d'autres maîtres que le droit, aussi bien pour le corps social qui a mission de le garantir que pour les individus qui doivent en profiter. Cette idée ne doit pas, d'ailleurs, amoindrir le rôle et la destinée de l'être collectif qui n'est pas absorbé par les individualités et qui tend à donner la fixité et la permanence à leurs rapports.

En traçant des limites au droit positif, la loi naturelle prévient les tentatives de la force et sauvegarde les droits individuels en même temps que le développement normal des sociétés.

II

9. Je ne puis, dans ce court exposé, développer toutes les doctrines que la recherche d'un principe de droit a suggérées. Il est cependant utile de connaître les idées des principales écoles et des auteurs les plus éminents.

10. D'après *Hobbes* [2], l'homme, dans son état originaire, dégagé de liens sociaux, obéit à un double sentiment : sentiment d'égoïsme et de convoitise illimité d'acquérir, engendrant la guerre pour se procurer toute chose désirée; sentiment de préservation en vue de conserver l'existence, déterminant dès lors une association mutuelle où chaque membre se soumet à une autorité supérieure et absolue. C'est l'abdication de la volonté individuelle dans les mains d'un pouvoir qui devient la source et la raison de tout droit

---

[1] BEUDANT, *Le droit individuel et l'État*, p. 12.
[2] HOBBES (1588-1679), *De cive ; De republica* (le *Leviathan*).

et de toute justice. Le philosophe invite d'ailleurs l'autorité à se proposer comme but l'utilité commune et à s'inspirer de la droite raison, à prendre ce précepte : *Salus populi suprema lex esto !*

11. *Spinosa* [1] pose un principe semblable et arrive à un but identique. La société est le moyen pour l'homme, auquel l'état de nature donne droit à toute chose, d'éviter la lutte et d'augmenter ses forces. Les sujets doivent désormais obéir sans résistance aux ordres du prince, quelle que soit la nature des commandements qu'il impose.

12. La théorie de *Rousseau* [2] se rapproche des doctrines précédentes. Le pacte social fait sortir l'homme de l'état de nature, et les individus, tous égaux dans l'état préexistant, soumettent, dans leur nouvelle condition, leurs volontés individuelles à la volonté générale. La majorité souveraine devient la seule source du droit.

13. D'après *Bentham* [3], le droit trouve sa base dans la plus grande somme de bien-être, ou d'utilité commune, bien entendue et durable, qui sera départie à un groupe d'hommes. L'ordre juridique se trouve ainsi fondé sur un principe d'utilitarisme arithmétique, qui évoque l'idée d'égoïsme et de puissance et n'éveille, dans sa valeur toute relative et variable, aucune idée de devoir et d'obligation.

14. Toutes ces théories ont un même fondement qui n'est autre que celui d'un matérialisme mécanique. Basées sur la force, la volonté générale ou l'utilité, elles n'admettent pas de règle de justice qui puisse imposer au législateur certaines limites en faveur des individus. L'idée de l'intérêt général bien entendu peut séduire, car cet intérêt coïncide avec l'accomplissement du devoir et le respect de l'idée du juste, mais ils ne se confondent pas. Si la société doit accommoder le droit de la manière la plus utile, c'est que le droit préexiste déjà dans sa substance. Ce système, qui fait céder la justice quand l'intérêt parle, a exercé une influence profonde sur les hommes publics et même dans la vie privée de certains peuples. Spencer l'appelle *la grande superstition* et nous dit «que les doctrines courantes des utilitaires, comme la pratique courante des hommes politiques, témoignent d'une conscience insuffisante des rapports naturels de causalité... Ni les bons ni les mauvais résultats, ajoute-t-il, ne peuvent être accidentels. Ils sont les conséquences nécessaires de la nature des choses, des faits fondamentaux, et c'est

---

[1] Spinosa (1632-1677), *Tractatus theologicopoliticus.*

[2] Rousseau, *Le contrat social.*

[3] Bentham (1748-1832), *Traité de législation*, édit. franç., de Dumont. Il a eu pour adeptes James et Stuart Mill, Austin, Sumner Maine, Spencer, qui ont d'ailleurs donné plus d'élévation à la doctrine utilitaire.

l'affaire de la science de déduire, des lois de la vie et des conditions de l'existence, quelles espèces d'actes tendent à la production du bonheur et quelles à la production du malheur [1]. »

15. Le rationalisme subjectif de *Kant* [2] nous met en présence d'idées nobles et élevées, mais insuffisantes pour établir le véritable fondement du droit. Il nous dit que le droit est l'ensemble des conditions moyennant lesquelles la liberté de chacun peut coexister harmonieusement avec celles de ses semblables. Un individu ne peut être soumis à d'autres lois qu'à celles qu'il se donne à lui-même, soit seul, soit de concert avec d'autres. De la coexistence de plusieurs êtres doués de raison, naît la nécessité rationnelle, la loi juridique de restreindre sa liberté autant que l'exige la *possibilité* de la même liberté chez les autres. Après l'intervention d'un pacte libre constituant l'association, l'ordre juridique se trouve basé sur la restriction de la liberté de chacun, au profit de la liberté de tous. On reconnaît là l'influence de Rousseau. Cette loi ainsi établie doit s'allier avec l'idée du pouvoir civil, afin de réaliser et de maintenir la liberté de tous à l'aide d'une coaction physique. C'est donc le pouvoir qui, en définitive, décidera quelle somme de liberté il faut et quels droits il convient d'accorder à chacun. La simple *possibilité* pour les autres d'exercer une liberté limitera la mienne, alors que mon activité ne devrait s'arrêter que devant le fait préalable d'autrui.

Comment admettre, d'ailleurs, qu'aucun droit, aucun rapport juridique ne puisse exister, à moins d'être créé par la coexistence des personnes entre lesquelles il intervient? Comment expliquer, avec cette théorie, les relations de droit que fait naître la puissance paternelle? Ne serait-ce pas enlever tout fondement aux lois de la famille et rendre tous les droits vagues et incertains, s'ils ne dépendaient que de la raison et de la volonté des contractants et non de la nature des institutions qui les produisent? La raison et la liberté ont leur rôle évidemment pour reconnaître le droit et le mettre en œuvre, mais non pour le créer. S'il était vrai que le droit existât, dès qu'un acte quelconque se produit pour la liberté de l'un se conciliant avec la liberté des autres, il n'y aurait pas d'impossibilité à reconnaître comme des droits les actes les plus illicites et les plus immoraux. On aboutirait encore au règne de la force, si une majorité rejetait les droits individuels comme contraires à la liberté sociale, en l'absence de toute règle objective susceptible de les défendre

16. La théorie de *Hégel* [3] respecte la liberté et la personnalité humaines

---

[1] Herbert SPENCER, *L'individu contre l'État*, traduction, p. 154-158.
[2] KANT (1724-1804), *Éléments métaphysiques de la doctrine du droit* (1796).
[3] HÉGEL (1770-1831), *Naturrecht und Staatwissenchaft oder Grundlinien der Philosophie des Rechts*, 1821.

dans leur principe premier ; le droit, d'après lui, n'est autre chose que la volonté libre, et il dira à l'individu : *sois une personne et respecte les autres comme une personne.* Voilà bien la loi juridique fondamentale, le principe du droit naturel qui se dégage de l'idée de personnalité. Le droit de propriété, par exemple, se déduira du rapport de la volonté personnelle avec les choses extérieures. Mais Hégel va plus loin, la volonté, qui mérite vraiment ce nom, n'est autre que la volonté universelle, existant objectivement dans le monde. En dehors d'elle, les volontés individuelles avec leurs tendances et leurs aspirations n'ont pas d'état réel.

Schelling avait partagé cette idée de l'absolu, et le panthéisme allemand arrive à absorber l'individu dans l'État qui, seul, est la réalité de l'idée morale, la volonté substantielle, la fin absolue de l'homme. «L'homme est bien *fin en soi* et doit être respecté comme tel par l'individu, mais non quant à l'État, parce que l'État ou la nation est sa substance[1]» Ne résulte-t-il pas de là que le droit s'identifie avec l'État, qui devient la source de tous les droits, même des droits individuels? L'homme n'est respecté dans ses droits qu'à la condition de subordonner son activité à l'universel, c'est-à-dire à l'État, comme à sa fin dernière, à l'État, condition indispensable pour réaliser la prospérité de chaque citoyen. Cette manifestation de l'absolu par l'État, qui est la conception de l'idée hégelienne, justifie par avance toute tyrannie, toute absorption des droits de l'individu et donne force de droit à tout fait qui, historiquement et publiquement, est imposé par la double puissance de la force et du succès.

17. L'école de *Krause*[2], dont *Ahrens* surtout s'est fait le vulgarisateur, au point de vue du droit, n'arrive pas à des conséquences différentes. D'après lui, Dieu est l'essence infinie, en dehors de laquelle il n'y a rien. Tous les êtres créés sont contenus en lui comme la partie dans le tout. La moralité trouve sa synthèse dans cette pensée que toute volonté et tout acte sont une portion de l'essence divine qui réalise sa vie dans les temps. Le droit est l'ensemble des conditions temporelles de la vie, dépendantes de la liberté, «pour l'accomplissement harmonique de la destination humaine[3]». Il réalise dans la société le *perfectionnement et le bonheur de l'humanité*, et chaque homme a besoin, pour se développer, de la coopération d'autres êtres qui lui prêtent des conditions déterminées de vie physique, intellectuelle et effective.

Or c'est l'État qui, constituant le grand organisme social, est chargé de réaliser ces conditions et de rendre efficace le droit de l'humanité. Il contient en lui tous les éléments propres à faciliter les tendances actives des in-

---

[1] Hégel, *op. cit.*

[2] Krause (1781-1832), *Grundlage des Naturrechs.*

[3] Ahrens, *Cours de droit naturel*, édit. 1863, t. I, p. 137.

dividus. Il est apte à organiser les sphères dans lesquelles l'homme peut se développer : la religion, la morale, l'art, la science, l'éducation, le commerce, le droit ; s'il laisse à l'individu, aux influences spontanées, le soin de réaliser la culture scientifique ou artistique, c'est lui qui doit avoir la mission de répartir également la propriété territoriale, d'organiser le travail et le commerce. Le principe d'indépendance des sphères particulières n'autorise jamais une séparation avec l'État qui enlace toutes les institutions par un lien de justice dans l'intérêt du perfectionnement social.

Pourra-t-on dire que la doctrine de Krause fait découler les droits de la personnalité, si l'homme n'est jamais que la réalisation de la divinité dans une de ses manifestations ? Il n'a vraiment alors ni personnalité, ni liberté vraie ; il doit fatalement accomplir sa destinée. L'extension que ce système donne à l'idée du droit aboutit nécessairement au socialisme, puisque l'homme peut exiger tout ce qui est nécessaire à son essence, à son perfectionnement indéfini. Le législateur n'est soumis à aucune limite, dès qu'il juge que telle décision est utile au bien commun de la société. Ce sera donc l'arbitraire de la société, la suppression de toute initiative particulière, de tout droit individuel. Cette théorie du perfectionnement de la loi livrée à toutes les fantaisies, et qu'aucun principe de justice et de respect de la personnalité n'arrêterait, ne serait que la justification de tous les moyens pour arriver à une fin sociale entrevue. Ce serait la ruine même du droit naturel.

18. L'*école positiviste*, dont la sociologie est « la philosophie politique [1] », doit son nom à sa méthode d'observation des phénomènes sociaux. La société, arrivée à son développement, n'admet plus que des faits réels et constatés ; les connaissances humaines sortent de la fiction et d'un état abstrait pour revêtir un caractère scientifique. Le positivisme ne s'arrête pas à de prétendues causes premières, à des idées métaphysiques, mais entasse les documents, les faits, les statistiques pour leur demander les lois déterminant les phénomènes et leur enchaînement [2].

L'homme est, comme tous les êtres, un produit de l'évolution et ne peut s'y soustraire. Cette loi nécessaire doit s'expliquer par la physique, la biologie, la physiologie, et la sociologie trouve en elle son fondement. Les sciences morales et naturelles doivent être soumises à la même méthode. Spencer trouve que c'est vouloir pénétrer l'inconnaissable que de prétendre dépasser les données de l'observation des faits groupés et déterminés dans les rapports qui les unissent. Le physicien étudie les phénomènes de la nature, le biologiste les règles et les conditions de la vie, le sociologue doit se mettre en face des phénomènes vitaux de l'organisme social, qui a une personnalité vivante et indépendante des membres qui le composent. L'homme, l'indi-

---

[1] BRODANT, *Le droit individuel et l'État*, p. 215.
[2] BRODANT, *Le droit individuel et l'État*, p. 215.

vidu, se trouve déchu de son rôle comme sujet de droit. Celui-ci n'existe que dans la société et à son profit. «La conscience sociale, dit Courcelle-Seneuil, après Littré, engendre la conscience individuelle, l'éclaire et la contrôle; l'homme n'a d'autres droits que ceux qu'il tient de la société [1].» On applique aux sociétés envisagées comme organismes les lois darwiniennes de l'évolution «par la concurrence vitale», et du progrès par «la sélection naturelle [2]».

Les phénomènes sociaux comme les phénomènes biologiques indiqueront leur nécessité et leur caractère de lois naturelles par leur persistance. Spencer constate que la propriété est reconnue par une foule de peuplades et la considère comme un droit naturel, à raison de la généralité du phénomène, sans s'arrêter à la nature de l'homme et au développement de sa personnalité.

On oublie, d'ailleurs, constamment l'individu pour ne voir que le groupe social. Une simple cellule sociale ne pourrait s'insurger contre l'organisme tout entier; la volonté humaine ne peut songer à détruire les règles qui servent de fondement à l'évolution des rapports sociaux. «La sociologie, — dit M. Beudant, — se rencontre avec le panthéisme hégélien qui met le droit

[1] Courcelle-Seneuil, *Étude sur la science sociale*, p. 150. — Littré, *Application de la sociologie au gouvernement*, p. 108.

[2] Un passage d'Henry George, dans son ouvrage *Progress and poverty*, t. X, (1886), montre que la théorie de l'évolution n'est pas toujours d'accord avec les faits. «La terre est une tombe d'empires qui sont morts, non moins que d'hommes qui ont disparu. Le progrès, au lieu de préparer les hommes pour de plus grands progrès, a fixé un terme où toutes les civilisations se sont arrétées, celles-là mêmes qui ont atteint le même degré de vigueur et d'élan que le nôtre. Chaque fois l'art a décliné, la science est descendue, le pouvoir s'est affaibli et la population a diminué jusqu'au point que les peuples qui ont construit de vastes temples et de puissantes villes, qui ont creusé de grandes rivières et percé des montagnes, qui ont cultivé la terre comme un jardin et introduit les plus grands raffinements dans les détails les plus insignifiants de la vie, se sont trouvés réduits à des bandes de misérables barbares qui ont perdu bientôt la mémoire de ce qu'ont été leurs ancêtres et ont regardé les débris que ceux-ci ont laissés de leur grandeur comme l'œuvre de génies ou d'une race puissante antérieure au déluge.» — Les découvertes modernes prouvent chaque jour ce fait historique d'une décadence et d'un recul. Les ruines magnifiques découvertes dans toutes les parties du monde attestent une civilisation aussi avancée que la nôtre au point de vue matériel. (Devas, *Ground Works of Economics*, ch XIII.) — Les civilisations qui se succèdent ne prouvent pas d'ailleurs la théorie de l'évolution. Quand une civilisation périt, la race qui surgit est entièrement différente de la race déchue; elle n'est pas la race élevée et modifiée par la transmission héréditaire, mais une race nouvelle. — Spencer, dans ses *Principes de sociologie*, (I, p. 50), dit qu'on peut croire que les hommes d'un type inférieur existant aujourd'hui ne sont pas des exemplaires de l'homme tel qu'il a existé dès l'origine, et qu'il est probable que plusieurs d'entre eux ont eu des ancêtres qui ont atteint un degré supérieur.

dans l'éternel devenir. Les deux systèmes, au lieu de partir de la nature humaine pour en déduire le droit, prennent l'un et l'autre les faits réels ou supposés pour y conformer l'homme [1]. » « La notion du droit, — dit Auguste Comte, — doit disparaître du domaine philosophique... Le positivisme n'admet que des devoirs... Tout droit humain est absurde autant qu'immoral [2]. »

Le droit individuel disparaît donc, et l'État se trouve investi d'un pouvoir sans limite. Il est vrai que Spencer aboutit à un individualisme excessif et tend même, en détruisant tout pouvoir social, à ce qu'il appelle « l'individuation parfaite. » Mais, malgré la différence du point de départ, les conséquences se rapprochent ; le point de vue biologique fait place au point de vue social. D'après cette donnée, l'espèce seule a des droits ; l'homme ne peut en avoir aucun et ne compte pas par lui-même ; chaque société particulière se développe suivant un déterminisme absolu, comme l'humanité, dont chacune d'elle n'est qu'une étape. La liberté humaine et l'inviolabilité personnelle n'ont donc rien à gagner à cette limitation des pouvoirs de l'État. La nature ne peut nous mettre en présence que de faits et non de droits. Les droits de propriété, de famille et tous autres ne sont que des moyens artificiels et fictifs pouvant donner une impulsion à l'activité humaine, mais ne constituant pas pour l'homme un patrimoine réel. L'organisme social et universel doit être le seul souverain, tenir sous sa puissance la personne, la vie, la liberté et les biens des particuliers.

L'influence de la doctrine positiviste a été considérable dans tous les pays. En France, elle a séduit presque tous ceux qui se sont livrés à l'étude de la science sociale ; en Angleterre, elle a fait alliance avec l'école utilitaire et, en Allemagne, avec l'*école historique* que je ne puis omettre dans cette étude.

19. La révélation historique d'un peuple doit être, d'après de Savigny [3], le point de départ servant à indiquer ce qui est juste, droit et raisonnable. Il n'y a pas d'autre droit que le droit positif, et sa seule source est l'histoire qui renferme les coutumes des peuples. Le but de la philosophie du droit doit être d'en rechercher la source historique et de réduire à une unité scientifique interne tous les éléments positifs qui sont ainsi recueillis. Il ne voulait pas de code général pour l'Allemagne, sous prétexte « que les constitutions ne se créent pas, mais qu'elles poussent », et il ajoutait : « Il n'y a pas de droit naturel imprescriptible et inaliénable ; tout droit naît de la coutume et par suite du temps. » Les codes ne peuvent servir qu'à

---

[1] Beudant, *Le droit individuel et l'État*, p. 229.

[2] Aug. Comte, *Catéchisme positiviste*, p. 288 et suiv.; *Cours de philosophie*, t. VI, p. 454.

[3] De Savigny (1778-1861), *Vocation de notre temps pour la législation ; — Système du droit romain.*

immobiliser la législation et à nuire au progrès de la science et du temps [1].
L'action laissée à la coutume sera le meilleur moyen de donner à l'esprit
public tout son élan et toute son énergie.

Cette théorie n'a pas empêché l'Allemagne d'avoir sa codification qui,
tout en précisant les règles du droit, n'entrave en rien l'évolution des idées
et les améliorations successives que le temps suggère. C'est un monument
que l'on peut réparer et embellir sans cesse; il permet seulement de mieux
unir les aspirations nouvelles aux traditions du passé et d'assurer chez
un peuple la suite et l'enchaînement des institutions et des lois.

Les théories de l'école historique ont, d'ailleurs, rendu de grands services à la science du droit, en suscitant des travaux qui ont révélé l'impor-
tance de l'histoire pour l'étude des questions juridiques et sociales et ont
amoindri l'influence des idées trop abstraites qu'inspire l'esprit philosophique. Mais le principe qui servait de fondement à cette école n'était pas
nouveau. Montesquieu avait majestueusement démontré que «les lois doivent
être propres au peuple pour lequel elles sont faites...; qu'elles doivent
être relatives au physique du pays, au climat glacé, brûlant ou tempéré,
à la qualité du terrain, à sa situation, à sa grandeur, au genre de vie des
peuples...; qu'elles doivent se rapporter au degré de liberté que la
constitution peut souffrir, à la religion des habitants, à leurs inclinations,
à leurs richesses, à leur nombre, à leur commerce, à leurs mœurs, à leurs
manières... Tous ces rapports forment dans l'ensemble ce qu'on appelle
l'*Esprit des lois* [2]. »

Mais cette école, dans sa première manifestation, en mettant non la
loi seule, locale et changeante, mais le principe même du droit, en dehors
de la liberté et de la fin rationnelle de l'homme, repoussait toute pensée
directrice, enlevait à l'individu tout sentiment de responsabilité, en face
d'une loi d'évolution dont il subit les vicissitudes, tout élan en vue d'une
destinée meilleure vers laquelle il est incapable de se diriger librement.
C'est nier en même temps toute règle objective de justice, à laquelle les
lois positives doivent se conformer.

C'est alors que Hégel, au lieu de s'en tenir aux faits ou aux coutumes
d'un peuple, chercha le fondement du droit dans l'éternel devenir, fin de
l'humanité, et dans l'État qui est chargé de le réaliser.

Ihering présente, à son tour, comme l'unique source du droit, l'État,
qui doit s'inspirer de la seule expérience historique; c'est en lui que se
concentrent le produit interne et réglé de l'histoire [3], «et cette puissance
cachée qui se développe par le travail accumulé des générations ».

Bluntschli trouve également, dans les enseignements de l'histoire, la

[1] DE SAVIGNY, *Système du droit romain*, traduction Guénoux, I, p. 45.
[2] MONTESQUIEU, *L'esprit des lois*, liv. I, ch. III.
[3] IHERING, *L'esprit du droit romain*, t. I, p. 126, traduction.

nécessité d'armer l'État de tous les droits et de l'autoriser à violer ceux des individus, si le salut de la société politique l'exige. Il y a, d'ailleurs, plutôt des intérêts que des droits, et c'est l'État qui en est le maître et le dispensateur suprême. L'État est au-dessus de tout et le droit social est prédominant.

20. L'*école spiritualiste* française établit le fondement du droit naturel sur la personnalité, sur la liberté individuelle poursuivant sa fin et son développement, développant son énergie à côté et avec le concours d'autres libertés et sous l'empire d'un respect réciproque des facultés d'autrui. «Q'est-ce que mon droit à votre respect, — dit Cousin, — sinon le devoir que vous avez de me respecter, parce que je suis un être libre [1]?» «La liberté, — dit Lerminier, — est la raison du droit, la sociabilité en est la forme.» «Avant d'être un citoyen dans le monde, — dira plus tard Jules Simon, — je dois d'abord sentir dans ma conscience que je suis une personne [2].» «Le respect que commande la personne humaine, — dit M. Franck dans sa *Philosophie du droit,* — est le seul fondement du droit et le but suprême de la législation [3].» M. Beudant, dans son ouvrage *Le droit individuel et l'État,* enseigne que le droit est une propriété inhérente à la nature humaine, qu'il dérive pour l'homme des besoins légitimes et des aspirations de son être, de sa fin en d'autres termes... Le droit, — ajoute-t-il, — est antérieur à la loi et dès lors au-dessus d'elle...; la loi a mission d'assurer le respect des droits, et il peut y avoir à un moment donné une protestation au nom du droit contre la loi [4].» M. Boistel, dans son ouvrage sur la *Philosophie du droit,* nous dit que «le principe moral qui protège le droit, c'est l'inviolabilité de la personne humaine à l'encontre de toute autre personne...; que, sur la base du *devoir* qui s'impose à tout homme d'employer tous les moyens qu'il a en sa puissance pour son perfectionnement et celui d'autrui, s'assied le *droit* qui lui appartient de ne pas être entravé dans la recherche de cette fin et dans l'emploi des moyens qui peuvent l'y conduire [5]».

M. Fouillée, dans son livre sur l'*Idée moderne du droit,* où il fait le résumé des doctrines philosophiques relatives au principe du droit, constate que «la philosophie traditionnelle en France fonde le droit sur le respect absolu de la volonté libre et élève la personne humaine à un rang qu'aucune autre doctrine ne lui a conféré [6]». Il rejette, d'ailleurs, les idées et les formules spiritualistes et ne voit dans l'homme que de purs phénomènes

[1] V. Cousin, *Justice et Charité.*
[2] J. Simon, *Le devoir,* p. 14.
[3] Franck, *Philosophie du droit civil,* p. 14.
[4] Beudant, *Le droit individuel et l'État,* p. 22.
[5] Boistel, *Cours de philosophie du droit,* p. 72, 82.
[6] Fouillée, *L'idée moderne du droit,* p. 220.

tombant sous les sens extérieurs résultant de la seule expérience matérielle.
Il admet cependant, malgré la négation relative à la réalité des choses
immatérielles, que le droit scientifiquement « est une valeur idéale prêtée
à l'homme; que la vraie liberté, ayant une valeur morale, est la liberté
de bien faire, que la moralité est la prépondérance du motif universel et
désintéressé, marquant la possession complète et virile de la volonté par
elle-même [1] ». Ces dernières idées contredisent celles qu'engendre le *déterminisme* absolu, l'un des dogmes essentiels de l'école positiviste.

Je n'ai pas la prétention d'avoir exposé ni même résumé toutes les doctrines que la recherche d'une règle fondamentale du droit a suggérées
dans le cours des siècles. Je me suis attaché aux principales, en insistant
sur celles qui dominent dans la science contemporaine.

III

21. Il ne suffit pas de dégager le principe du droit naturel pour avoir
la solution complète du problème. Quel sera son rôle dans la législation
positive? dans la loi qui en représente la réalisation historique et progres-
sive?

L'ordre juridique positif se trouve constitué par les lois émanant de la
libre volonté des hommes et par les droits et devoirs qui en découlent.
Il semble inutile de démontrer la nécessité des lois positives. Les législateurs
ont la mission de donner une sanction matérielle aux obligations que les
rapports individuels et les nécessités sociales imposent. Les préceptes de la
loi naturelle ne seraient pas assurés du respect de tous sans les textes qui
les font mieux connaître et sans les contraintes qui les fortifient. Les
conditions si compliquées de la vie sociale feraient naître des opinions
opposées, des dissensions continuelles, si les lois positives ne venaient fixer
une règle certaine et déterminée.

L'ordre juridique naturel, d'ailleurs, peut bien contenir un certain
nombre de droits et de devoirs que l'intelligence révèle, qui parlent d'eux-
mêmes à la conscience de tout homme; mais il en est d'autres, moins
certains, sujets à controverses et que le législateur rend obligatoires et
sanctionne dans l'intérêt du bon fonctionnement de la société. L'autorité
publique ne peut faire œuvre de justice dans la contrainte qu'elle impose,
sans obéir elle-même à des lois qui déterminent le mode et la nature des
mesures coercitives. Il y a des règles variables, des vérités contingentes,
des transitions à envisager; la science sociale doit se faire l'auxiliaire du
droit pour approprier les lois de la vie à l'état actuel des civilisations.

Il n'en résulte pas que le droit positif et le droit naturel se contrediront.
Le premier éclaire et précise, applique et sanctionne, limite ou étend,

____
[1] Fouillée, *L'idée moderne du droit*, p. 234, 252.

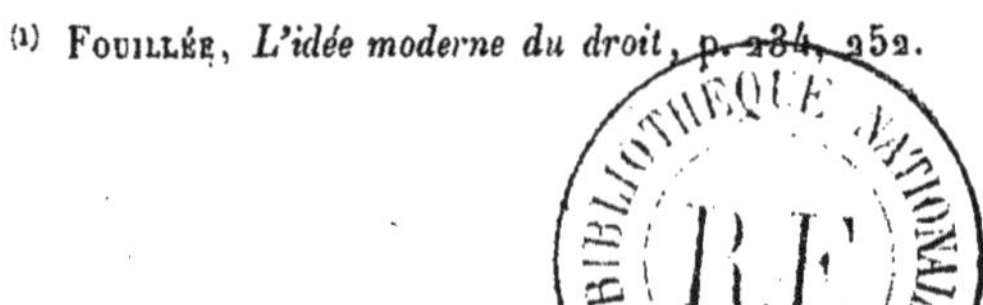

suivant les circonstances, les règles du second ; celui-ci permet de critiquer et d'apprécier, en ayant en vue la fin rationnelle de l'homme et des sociétés, quelle est la valeur et quelle est la justice des lois promulguées. Il ne saurait y avoir de principes absolus et immuables, au moins dans leur consécration légale ; mais on peut dire que le progrès moral d'une nation s'affirme, lorsqu'il existe entre la loi naturelle et la loi positive une conformité au moins négative, c'est-à-dire lorsque celle-ci n'est pas en opposition directe et formelle avec la première. La conscience humaine s'est toujours fait un idéal de justice, avec lequel elle a comparé les lois et les institutions.

22. Or, si l'on envisage tout d'abord le droit individuel, on dira que la loi positive ne peut porter atteinte aux droits qui découlent de la nature spécifique de l'homme, qui assurent son indépendance à l'égard de ses semblables, dont il ne peut devenir un instrument, puisqu'il y a identité de nature. Ils sont inaliénables, puisque ce serait détruire l'être humain dans sa véritable personnalité, que de le mettre à même d'y renoncer ; ils sont égaux pour tous ; puisqu'ils naissent de la seule existence de l'homme dont ils sont un élément essentiel. Rousseau a fort bien dit : «Renoncer à sa liberté, c'est renoncer à sa qualité d'homme, aux droits de l'humanité... Une telle renonciation est incompatible avec la nature de l'homme, et c'est ôter toute moralité à ses actions que d'enlever toute liberté à sa volonté [1].»

N'est-ce pas de cette égalité, basée sur la nature spécifique de l'homme, que se déduit l'égalité potentielle, donnant à chacun la certitude de pouvoir aspirer, par le seul mérite de ses actes, à l'acquisition légitime des droits et des fonctions et qui se résume dans ces mots : l'égalité devant la loi ?

La nature spécifique de l'homme n'indique-t-elle pas à la législation positive les droits essentiels qu'il faut protéger et garantir : droit à la vie, à la liberté, à la dignité personnelle, à la propriété, à l'association ?

La réalité des faits historiques nous montre que ces droits n'ont pas toujours été respectés à toutes les époques, et il ne serait pas vrai de dire qu'ils sont encore aujourd'hui universellement connus et pratiqués. Les philosophes de l'antiquité (Platon dans sa république, Aristote dans sa politique) admettaient, dans certains cas, l'avortement et l'infanticide. L'esclavage que produisaient le mépris de l'homme et le mépris du travail a traversé tous les siècles et ne s'est effacé de la pratique des nations civilisées que depuis une époque peu lointaine.

Le droit à l'indépendance complète la liberté native de la personne et lui permet d'exercer librement son activité et de s'en approprier les résultats. Il est le fondement de tous les rapports individuels ayant pour règle la justice commutative qui tient compte de l'égalité essentielle des hommes,

____

[1] Rousseau, *Contrat social*, liv. I, c. iv.

Il doit s'harmoniser avec la dépendance qu'entraînent les rapports organiques : famille et société. Mais les forces de l'homme sont limitées et, sans l'association, il ne peut développer et perfectionner ses facultés, satisfaire toutes ses aspirations matérielles, intellectuelles et morales. Le droit naturel l'indique et exerce si bien, sous ce rapport, son influence sur la législation, que celle-ci diminue la portée de ses règles restrictives et que les armes qu'elle réserve encore aux pouvoirs publics et aux tribunaux sont le plus souvent impuissantes et inefficaces. Le droit naturel peut, en effet, exercer ce double rôle sur la législation positive : ou faire naître son action, agrandir son domaine, ou le restreindre, au contraire, en frappant de désuétude des coutumes ou des lois surannées, à mesure que l'idée du juste domine les intérêts et les passions. N'exagérons rien cependant. Ce n'est pas toujours cette idée de justice ou du droit naturel qui a fourni le premier germe destiné à produire des lois nouvelles; les nécessités sociales, les transformations économiques l'avaient préparé et mis au jour; la science et l'examen raisonné des faits en avaient montré l'utilité et la valeur. Il est bien difficile que ce germe ainsi fécondé ne produise pas des résultats dans la vie des sociétés et que toutes ces conditions réunies ne donnent plus de force à une idée juste, oubliée ou méconnue.

L'aptitude à s'approprier les choses que personne ne possède encore est une conséquence de la liberté, mais il doit s'établir un lien réel entre l'homme et l'objet qu'il souhaite. Il l'occupe et un droit acquis constitue désormais un patrimoine qui pourra s'étendre par le travail. « La propriété individuelle, — dit un auteur [1], — est l'aboutissant logique de la liberté et de l'activité individuelle. Hors la propriété individuelle, la liberté de l'individu est sans signification, car c'est une activité qui cherche sa forme de repos et qui ne la trouve pas. » L'égalité, dont j'ai parlé comme étant une condition inhérente à l'existence de l'être, ne peut exister quand il s'agit de droits acquis. Les faits et les droits qui en résultent sont alors inégaux comme sont différentes les aptitudes et les qualités. La diversité de force et d'activité, d'intelligence et de raison, de caractère et de moralité engendre une inégalité, non dans la nature spécifique, dans la fin rationnelle, mais dans la condition sociale. La législation positive ne peut songer à réaliser cette égalité absolue envisagée sous ce second aspect. On ne ferait que méconnaître l'égalité fondamentale de justice qui procède de l'identité de mérites et d'efforts. Il y a, toutefois, même pour les droits acquis, une égalité qui doit être maintenue, c'est celle que je puis appeler « qualitative », qui doit exister pour les biens de même nature, malgré l'inégalité « quantitative » qui peut les séparer.

A ce titre, le droit de propriété du bûcheron sur sa chaumière mérite

____

[1] Hauriou, *Philosophie du droit et science sociale*, dans la *Revue de droit public et de la science politique* (nov.-déc. 1899), p. 476.

autant de respect que celui du plus riche propriétaire sur ses domaines ; cette égalité n'est autre que l'inviolabilité des droits.

La transmission des choses qui nous appartiennent se trouve contenue parmi les facultés que renferme le droit de propriété. Il ne peut y avoir de doute pour les mutations entre vifs, car les biens matériels ne pourraient satisfaire les besoins de l'homme s'ils ne pouvaient être soumis aux lois de l'échange. La différence des aptitudes, la limitation des forces et de l'activité humaines ne nous permettent pas d'acquérir par l'occupation et le travail tout ce qui peut être nécessaire à l'individu ou convenir à son bien-être.

La loi de la perpétuité des espèces et celle de l'hérédité établissent une solidarité naturelle entre les diverses générations, dont les plus récentes profitent des travaux effectués et des biens acquis par celles qui les ont précédées. La transmission pour cause de décès répond aux tendances, aux aspirations de la nature humaine, en même temps qu'elle détermine l'homme à rendre plus féconds et plus productifs les biens qu'il possède. Ce stimulant au travail et au développement de l'activité dans toutes les branches est utile à la société elle-même, qui profite des richesses individuelles. Mais il appartient à la loi positive, au nom même du droit naturel, de régler et de limiter ce droit de transmission dans l'intérêt de la famille du disposant, afin que celui-ci ne manque pas à d'autres devoirs moraux et juridiques qui lui étaient imposés pendant sa vie et qui lui survivent.

Le régime de la propriété, en dehors des principes qui lui servent de fondement, dépend, dans une large mesure, des conditions de la société au milieu de laquelle il est appelé à produire ses effets. Les intérêts d'une époque peuvent modifier des institutions, en susciter de nouvelles ou ramener des applications anciennes. L'histoire et l'observation, l'économie politique et la science sociale serviront de lumière au législateur dans ces cas où le droit naturel n'aurait qu'une portée sans valeur ou indifférente. La mobilisation de la propriété immobilière ou, au contraire, la stabilité des biens de famille peuvent solliciter l'attention des économistes. Ce serait donner encore à la loi naturelle un domaine trop étendu et une influence exagérée que de lui soumettre toutes les questions qui se réfèrent à la constitution des charges qui grèvent la propriété, comme aux conditions requises pour lier les contractants, ou aux règles de procédure nécessaires à l'exercice des actions en justice. L'utilité des mesures est variable suivant les temps et les milieux ; les formes exigées par la loi positive ne sont que le meilleur moyen d'assurer la bonne foi des relations contractuelles et de mettre plus d'égalité entre des personnes dont l'intelligence et l'éducation sont différentes. Ce qui est naturel et juste dans tous ces cas et dans bien d'autres que j'omets, c'est ce qui est utile et logique, conforme au progrès des mœurs et des institutions.

Il ne faut cependant pas croire que ces changements ou ces abrogations de lois anciennes soient une chose indifférente, alors même qu'on ne puisse se glorifier d'avoir détruit une injustice véritable ou supprimé des abus contraires aux droits essentiels de la personne humaine. Toute loi mauvaise a pu produire des inconvénients plus ou moins sérieux, des souffrances plus ou moins grandes. «Une mauvaise loi de procédure, — dit Spencer[1], — décrétée ou tolérée, impose aux plaideurs des dépenses, des retards, etc., devant les tribunaux, ce qui représente la perte d'un argent souvent économisé au prix de bien des sacrifices, une anxiété qui cause parfois des maladies, le malheur de la famille et de ceux qui vivent auprès d'elle... toutes sortes de calamités qui en entraînent d'autres à leur suite.»

Les nations les plus civilisées et les mieux éclairées ne sont pas exemptes de lois mal faites ou préjudiciables, et les législations les plus récentes ont souvent de la peine à réaliser un progrès complet et efficace. Les parlements peuvent se tromper sur les causes qui servent de fondement à leurs décisions ou sur les moyens d'atteindre certaines fins. C'est en connaissant mieux les conditions nécessaires à la prospérité des individus et à leur meilleure adaptation avec le milieu dans lequel ils sont appelés à vivre, qu'on peut perfectionner plus sûrement les lois et les institutions.

Les améliorations successives n'indiquent pas nécessairement que les règles anciennes méconnaissaient l'idée de justice et de droit naturel, elles montrent uniquement que l'expérience et l'observation ont modifié le principe de direction ou que des nécessités nouvelles ont mieux fait ressortir les maux dérivant de lois fondées sur des calculs ou des prévisions erronées.

23. L'influence des principes naturels ou rationnels ne peut rester étrangère aux lois qui président à l'organisation de la famille. Le mariage est une société nécessaire pour le genre humain, puisqu'il a pour but la reproduction de la race, conformément à sa nature rationnelle. L'essence du mariage est donc indépendante de la loi positive, et celle-ci ne peut en altérer les caractères principaux d'unité et de permanence indispensables à la formation et à la perpétuité de la famille. Elle ne doit que faciliter son accomplissement et l'entourer de garanties. La plupart des législations admettent aujourd'hui le divorce avec plus ou moins de latitude. Les mœurs peuvent atténuer les fâcheuses conséquences de la rupture du lien conjugal, rupture qui désorganise la famille, compromet l'éducation et l'avenir des enfants. La nature et la fin rationnelle de l'être ne sont pas étrangères aux revendications qui se sont affirmées, dans tous les temps et surtout à la fin de ce siècle, au nom des droits de la femme et des droits de l'enfant. Elles ont donné plus de force aux causes sociales et économiques qui appelaient une législation nouvelle, plus égalitaire ou plus protectrice, suivant les conditions et les circonstances.

[1] Spencer, *L'individu et l'État*, p. 74 et suiv.

24. Au-dessus de cette première société que constitue la famille, il en est une autre également nécessaire et naturelle composée d'une multitude de familles et qui se propose, comme but final, la réalisation du bien commun : c'est la société politique ou l'État. Ce caractère de l'État indique comment la nature même des intérêts réciproques doit influer sur la législation positive pour les diriger. Il faut reconnaître, en effet, que l'intérêt public n'existe pas à l'état d'abstraction, qu'il n'est que le bien de la collectivité, auquel doit être sacrifié ce qui n'est que le pur intérêt individuel. Il ne peut en résulter que la société politique et ceux qui la représentent puissent avoir un pouvoir tellement prépondérant qu'ils imposent aux membres du corps social des sacrifices démesurés, allant jusqu'à violer les droits de la personnalité.

L'individualisme absolu tend à restreindre le rôle de l'État à la seule protection des droits ; le socialisme aspire à concentrer dans les mains du pouvoir public toutes les initiatives et à lui sacrifier la liberté des individus. Ces deux théories méconnaissent la nature et la fin rationnelle des individus et de l'être collectif. Pour concilier les tendances, tracer une ligne de conduite au législateur, il ne suffira pas de s'en tenir aux notions abstraites du droit naturel, il faudra tenir compte des faits, des nécessités d'une époque, de l'utilité générale.

Les questions industrielles et ouvrières sont au nombre de celles qui sollicitent le plus la bienveillance du législateur. La réglementation du travail s'est imposée, sous bien des rapports, pour défendre les droits de l'individu, de la famille, et le bien général de la société. Elle ne peut avoir pour but, sans doute, de faire de l'État le grand régulateur du monde économique, le producteur et le patron universels, mais elle doit tendre à faire remplir par l'autorité publique l'une des fins qui constituent sa raison d'être, la protection des faibles, sa coopération pour écarter ou atténuer les causes d'antagonisme social. La liberté individuelle ne suffit à assurer l'inviolabilité des droits de la personne que dans le cas où elle se trouve en face d'une égalité véritable de forces et de situation, pour s'abriter et se développer à son aise. La législation positive ne doit pas se laisser influencer, dans toutes ces questions, par un idéal de liberté et des droits de l'individu posés *a priori*. En s'abstenant de toute intervention, l'autorité publique s'exposerait à compromettre la prospérité matérielle et morale de la société. L'utilité générale sera le plus souvent conforme à l'intérêt individuel, et le sentiment du juste ne tardera pas à montrer qu'en protégeant l'existence, la santé ou la dignité de la personne, parfois même contre sa propre volonté, on sauvegarde l'être humain contre des coutumes invétérées et nuisibles, contraires au progrès qu'amènent le temps et les applications nouvelles des découvertes scientifiques.

25. Le législateur, qui établit ou modifie les règles dont l'ensemble

constitue le droit positif, quel que soit le domaine dans lequel il veut se mouvoir, a donc besoin d'avoir une exacte appréciation de tout ce que demandent les circonstances et les divers intérêts sociaux ; il lui faut de la sagesse et de l'expérience, la connaissance des hommes et des choses.

Le droit naturel a pour mission de juger, d'approuver ou de flétrir, sans que chaque individu, toutefois, puisse substituer ses propres lumières, ses tendances personnelles aux règles que les textes consacrent et sanctionnent. Dieu nous garde des juges d'équité ! — disait-on autrefois. Pour comprendre cette pensée qui déroute tout d'abord, il faut avoir soin de séparer le droit naturel objectif, envisagé en lui-même, et le sentiment personnel d'équité de chaque individu. L'équité, dans ce dernier sens, c'est la perception, l'instinct du droit naturel, le sentiment du juste et de l'injuste. Or, que de variétés nous présentent les jugements des hommes ! que de vues différentes nous offre le sens moral ! L'équité pourrait bien n'être souvent que l'arbitraire et le bon plaisir.

Ce résultat est moins à craindre lorsqu'un sentiment unanime se rencontre sur l'appréciation d'une loi. L'idée de justice qui émeut l'opinion dans une société politique ou dans le monde entier devient alors souveraine dans la conscience universelle. Le droit naturel, en effet, n'est pas arrêté par les frontières d'un territoire et peut aspirer à guider les États dans les rapports internationaux, et l'humanité dans sa marche vers le progrès. Son action sur les lois positives internationales n'a pas été toujours inefficace ; mais l'intérêt et les rivalités qui s'accusent là mieux encore que dans l'intérieur d'une société particulière arrêtent son essor et ses effets. Ne semble-t-il pas alors qu'ils aient raison, les penseurs qui, considérant uniquement les faits et les purs phénomènes s'imposant à une époque déterminée, découvrent le droit «dans l'ensemble, insondable à l'œil humain, des lois nécessaires et inflexibles qui président aux évolutions de la vie universelle... là seulement où il n'y a plus de monde moral et intellectuel distinct du monde physique?» L'auteur [1] auquel j'emprunte ces derniers mots rappelle ces paroles prononcées par un homme d'État : «La force prime le droit.» Et il ajoute : «En vérité, quand j'y songe, je ne sais si cet homme n'a pas raison et si je ne dois pas aller plus loin que lui et dire : «La force, c'est le droit.» Ces paroles sont vraies s'il n'y a ni morale, ni droit en dehors des faits, que l'histoire politique du monde nous a trop souvent montrés et qui n'ont rien perdu de leur portée dans les dernières années de ce siècle ; s'il faut admettre que l'intérêt tient lieu de justice et que le succès légitime toutes les usurpations et tous les attentats. «Ce qui est naturel, — a-t-on dit en considérant encore les faits, — c'est l'abus de la force [2]». Mais l'idée du droit ne peut rester enfermée dans les liens d'une pratique ou d'une légis-

[1] Ambroise DANTEN, *De la nature des choses*, p. 253.
[2] TARDE, *Les transformations du droit*, p. 157.

lation. La vie humaine a une destination supérieure à celle que peuvent lui donner les passions ou les intérêts. Les usages et les lois, que l'égoïsme ou l'ambition font maintenir dans les nations civilisées, ne sont pas moins naturelles, à ce point de vue, que les coutumes les plus barbares pour les peuplades sauvages, mais il est impossible de les déclarer conformes au droit rationnel.

L'année dernière, à pareille date, la Conférence de la Haye recherchait le meilleur moyen d'obtenir la réduction des armements excessifs : c'était son premier but. Devant l'impossibilité de réaliser cet idéal, la Conférence, sur la proposition de l'un des représentants de la France, décida, par un vote unanime, qu'elle considérait «la limitation des charges militaires qui pèsent actuellement sur le monde comme grandement désirable pour l'accroissement du bien-être matériel et moral de l'humanité». Formule de politesse et de condoléance platonique, — a-t-on dit[1]. C'est possible, mais j'ajoute : revendication du droit qu'ont les individus et les sociétés de développer dans la paix tous les éléments de leur activité, d'employer toutes leurs ressources à développer leur industrie et leur commerce, les sciences et les arts, de sauvegarder la personnalité humaine contre les menaces perpétuelles de destruction; revendication, en un mot, de l'idée du droit contre l'idée de la force. Ces paroles n'étaient donc pas vaines, car l'idéal d'aujourd'hui peut devenir la réalité de demain.

[1] De Lapradelle, *La Conférence de la paix*, dans la *Revue de droit int. public*, Paris, nov. 1899.